PROJETO PAI 3

1º ao 5º ano
Indicado também para a 2º série do Ensino Fundamental 1/8

PROJETO PENSAMENTO, AÇÃO E INTELIGÊNCIA

Marian Baqués

Assessoria pedagógica e adaptação
Marisa Rodrigues de Freitas

sm

Coordenação editorial Fátima Senante e Maria Esther Nejm
Coordenação de arte e de produção editorial Alysson Ribeiro
Tradução Carmem Fales
Edição de texto Dulce S. Seabra
Assistência editorial Penelope Brito
Revisão Lucia Scoss Nicolai
Projeto gráfico Josep Rosell
Capa Estúdio Cruïlla e Equipe Edições SM
Ilustrações Juanjo Sáez, Ricard Aranda, Andrés Cañal e Avelino Guedes
Iconografia Jordi Soler
Produção industrial Alexander Maeda
Editoração eletrônica AM Produções
Impressão Eskenazi Indústria Gráfica Ltda.

Dados Internacionais de Catalogação na Publicação (CIP)
(Câmara Brasileira do Livro, SP, Brasil)

Baqués, Marian
Projeto Pensamento, Ação e Inteligência / Marian Baqués ; assessoria pedagógica e adaptação Marisa Rodrigues de Freitas ; [tradução Carmem Fales]. – São Paulo : Edições SM, 2006. – (Projeto PAI ; 3)

Título original: Proyecto de Activación de la Inteligencia
"1º ao 5º ano. Indicado também para a 2ª série do ensino fundamental 1/8"
Obra em 5 v.
Inclui guia didático.
Bibliografia.
ISBN 978-85-98457-48-2 (aluno)
ISBN 978-85-98457-56-7 (professor)

1. Aprendizagem - Habilidade 2. Aprendizagem - Metodologia 3. Educação baseada na competência 4. Ensino fundamental 5. Projeto Pensamento, Ação e Inteligência (Projeto PAI) I. Freitas, Marisa Rodrigues de. II. Título. III. Série.

06-5423 CDD-372.011

Índices para catálogo sistemático:
1. Projeto PAI : Desenvolvimento de competências : Ensino fundamental 372.011
2. Projeto PAI : Desenvolvimento de habilidades : Ensino fundamental 372.011

1ª edição, 2004
18ª impressão, 2017

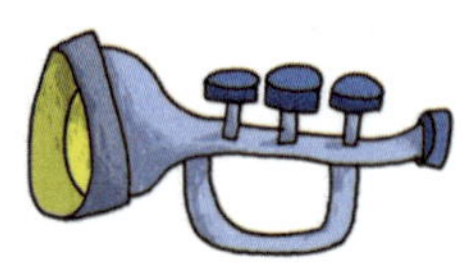

Edições SM Ltda.
Rua Tenente Lycurgo Lopes da Cruz, 55
Água Branca 05036-120 São Paulo SP
Tel. (11) 2111-7400
www.edicoessm.com.br

O **Projeto Pensamento, Ação e Inteligência** (**Projeto PAI**) tem o propósito de ser um núcleo dinamizador da ação educativa.

Os objetivos do **Projeto PAI** são:

- trabalhar as habilidades e competências que estão na base da aprendizagem;
- trabalhar uma metodologia que favoreça a autoaprendizagem por parte do aluno, introduzindo-o no processo de aprender a aprender.

Com relação ao primeiro objetivo, o **Projeto PAI** promove uma atitude de melhora da percepção e da atenção, atua na consciência dos processos da memória, do pensamento e da linguagem, trabalha a estruturação do espaço e do tempo, a psicomotricidade e a expressão artística, e propicia momentos de reflexão sobre si mesmo.

O segundo objetivo é alcançado pela mediação verbal, pelo diálogo. O educador é o mediador. São levados em conta os aspectos metacognitivos, a fim de que o aluno seja protagonista da sua própria aprendizagem: aprender a aprender. Nesse sentido, o esquema metodológico da página 4 tem finalidade orientativa.

O **Projeto PAI** não seria o **Projeto PAI** sem esses objetivos. Ao desenvolvê-lo em classe com a orientação necessária do **Guia Didático**, o professor potencializará ambos os objetivos, logrando a efetiva realização do Projeto. A leitura do Guia e a assimilação do seu conteúdo mudarão, temos certeza, muitos horizontes educativos.

COMPETÊNCIA ESPECIALMENTE TRABALHADA		NÍVEIS							
CÓDIGO	NOME	SÉRIE	PÁGINA	SÉRIE	PÁGINA	SÉRIE	PÁGINA	SÉRIE	PÁGINA
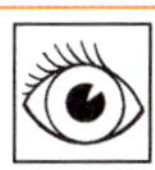	PERCEPÇÃO	7a	9	7b	19	7c	61	7d	90
		8a	16	8b	53	8c	84	8d	107
		9a	24	9b	55	9c	82	9d	99
		10a	29	10b	62	10c	80	10d	98
		11a	35	11b	54	11c	88	11d	105
		12a	41	12b	58	12c	81	12d	94
	ATENÇÃO	3a	5	3b	18	3c	43	3d	69
		4a	32	4b	59	4c	78	4d	97
	MEMÓRIA	3a	11	3b	30	3c	51	3d	85
	PENSAMENTO	6a	7	6b	22	6c	50	6d	74
		7a	10	7b	21	7c	44	7d	91
		8a	13	8b	26	8c	45	8d	65
		9a	15	9b	39	9c	71	9d	93

COMPETÊNCIA ESPECIALMENTE TRABALHADA		NÍVEIS							
CÓDIGO	NOME	SÉRIE	PÁGINA	SÉRIE	PÁGINA	SÉRIE	PÁGINA	SÉRIE	PÁGINA
	ESTRUTURAÇÃO ESPACIAL	7a 8a 9a 10a 11a 12a	12 17 23 33 37 46	7b 8b 9b 10b 11b 12b	40 36 60 64 56 68	7c 8c 9c 10c 11c 12c	73 67 83 87 77 89	7d 8d 9d 10d 11d 12d	106 92 104 103 108 102
	VIVÊNCIA DO TEMPO	3a	27	3b	47	3c	70	3d	96
	PSICOMOTRICIDADE ESPECÍFICA	1a	28	1b	48	1c	75	1d	101
	LINGUAGEM	1a 2a	8 38	1b 2b	25 57	1c 2c	52 76	1d 2d	79 95
	EXPRESSÃO ARTÍSTICA	2a	6	2b	20	2c	42	2d	72
	CONHECIMENTO DE SI MESMO	3a 4a	14 31	3b 4b	34 49	3c 4c	66 63	3d 4d	100 86

FASES METODOLÓGICAS PARA A REALIZAÇÃO DAS ATIVIDADES

PREPARAÇÃO

O professor, só ou em grupo

- Assimila:
  - **O QUE** deve ser feito? (primeiro objetivo)
  - **COMO** fazer? (segundo objetivo)
- Prepara a aula.

PREPARAÇÃO DA ATIVIDADE

O aluno, com a mediação do professor

- **O QUE** tenho de fazer nesta atividade?
- **COMO** devo fazer esta atividade?
  - Planeja mentalmente o que deve ser feito.

EXECUÇÃO DA ATIVIDADE

O aluno, só ou com seus colegas

- Realiza **O QUE** deve fazer, tal **COMO** planejou.

REFLEXÃO SOBRE A ATIVIDADE

O aluno, com a mediação do professor e/ou dos colegas

- Fiz **O QUE** a atividade pedia?
- **COMO** foi que fiz?
  - Qual foi a estratégia proposta?
  - O diálogo se encaminha:
    - para a estratégia que se deseja ressaltar
    - para uma frase síntese
- Faz-se a transferência para outros contextos.

AVALIAÇÃO

O professor, só ou em grupo

- Avalia a sessão de trabalho:
  - Reúne a informação sobre **O QUE** foi realizado e **COMO** foi realizado.
  - Analisa essas informações.
- Toma as decisões adequadas.

Ligue os elementos que os personagens trocaram entre eles.

Crie um desenho diferente a partir de cada figura.

Marque, em cada caso, o que é necessário para preparar peixe ou carne.

1a

Marque se as afirmações abaixo são fatos ou opiniões.

MARTA ERNESTO ROBERTO CLÁUDIO SUSANA

	FATO	OPINIÃO
Roberto toca sanfona muito bem.	☐	☐
Ernesto faz sobremesas deliciosas.	☐	☐
Susana é muito trabalhadora.	☐	☐
Marta está segurando um peixe.	☐	☐
Cláudio está sorrindo.	☐	☐
Roberto tem uma bengala na mão direita.	☐	☐
Cláudio corta carne muito bem.	☐	☐
Susana empurra um carrinho de mão vazio.	☐	☐
Ninguém prepara um peixe tão bem como Marta.	☐	☐
Ernesto puxa um carrinho de feira.	☐	☐

Escreva **1** no papel que está embaixo de cada composição, **2** no que está imediatamente acima, **3** no que está em cima deste, e assim por diante, até chegar ao que está em cima de todos.

Recorte as figuras correspondentes da página 111. Descubra quais delas completam os quadros abaixo e cole-as nos lugares adequados.

Observe a cena por uns minutos. Dobre a folha para escondê-la. Em seguida, escreva tudo o que lembrar.

Desenhe mais uma flor no buquê que a moça está segurando com a mão direita.

Observe e responda:

Em que se parecem?

Em que são diferentes?

Em que se parecem?

Em que são diferentes?

Desenhe você...

quando uma pessoa mais velha lhe diz algo desagradável e você acha que ela não tem razão.

dizendo a essa pessoa que não concorda com o que ela disse.

Marque a ação que acontece imediatamente depois da situação da esquerda.

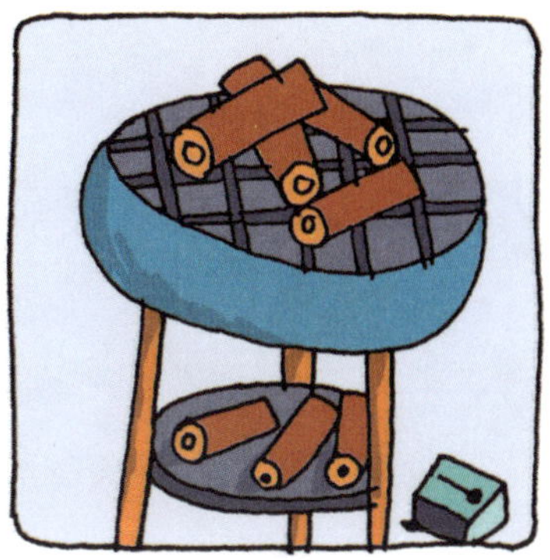

8a

Encontre as castanhas misturadas com as folhas.

Desenhe um animal em cada quadro, segundo a posição que ocupa em relação à menina.

EM FRENTE

ATRÁS

À DIREITA

À ESQUERDA

3b

Ligue os elementos que os personagens trocaram entre eles.

Escreva **1** no papel que está embaixo de cada composição, **2** no que está imediatamente acima, **3** no que está em cima deste, e assim por diante, até chegar ao que está em cima de todos.

2b

Crie um desenho diferente a partir de cada figura.

Recorte as figuras correspondentes da página 111. Descubra quais delas completam os quadros abaixo e cole-as nos lugares adequados.

6b

Marque, em cada caso, o que é necessário para fazer macarrão e sopa de legumes.

Escreva que posições ocupam a mesinha, a cadeira e a mulher, em relação à figura central do quadro.

____

____

____

Ligue os desenhos que representam o mesmo utensílio de cozinha, observado de diferentes pontos de vista.

Marque se as afirmações abaixo são fatos ou opiniões.

MANOEL PATRÍCIA TERESA RODRIGO CARLOS

	FATO	OPINIÃO
Carlos leva uma maleta na mão direita.	☐	☐
Manoel é muito brincalhão com seus filhos.	☐	☐
Rodrigo está de capacete.	☐	☐
Patrícia faz tudo com capricho.	☐	☐
Teresa é muito simpática.	☐	☐
Carlos está sempre correndo.	☐	☐
Rodrigo é o melhor bombeiro.	☐	☐
Patrícia está carregando uma tábua.	☐	☐
Teresa usa um regador.	☐	☐
Manoel trabalha como guarda.	☐	☐

Observe e responda:

Em que se parecem?

Em que são diferentes?

Em que se parecem?

Em que são diferentes?

Escreva em cada quadro branco a letra da cena que completa a série.

A B C

A B C

Use uma folha de papel e construa um peixe como mostram os desenhos. Consulte as legendas na página 109.

1

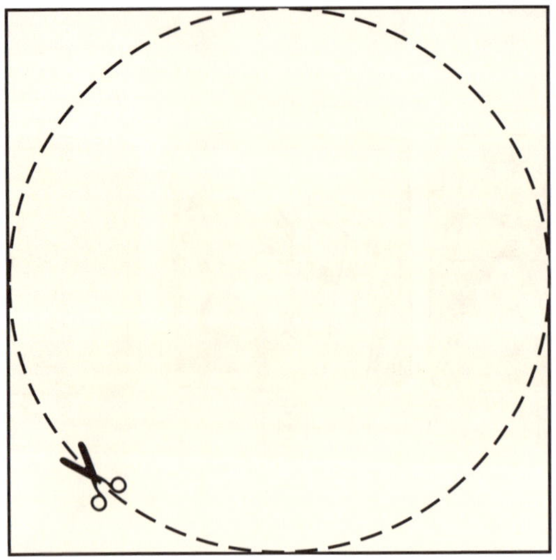

2

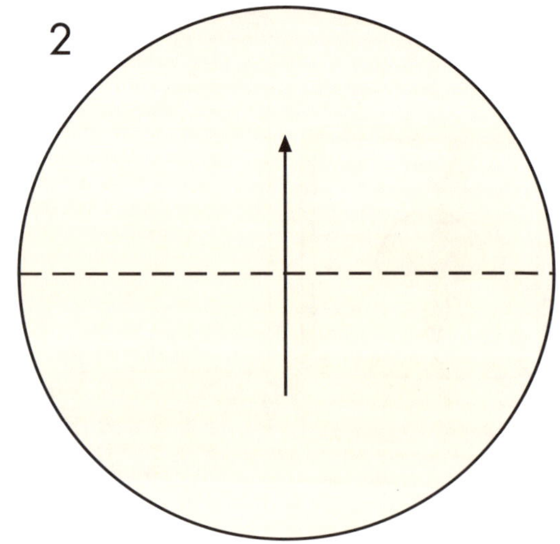

3

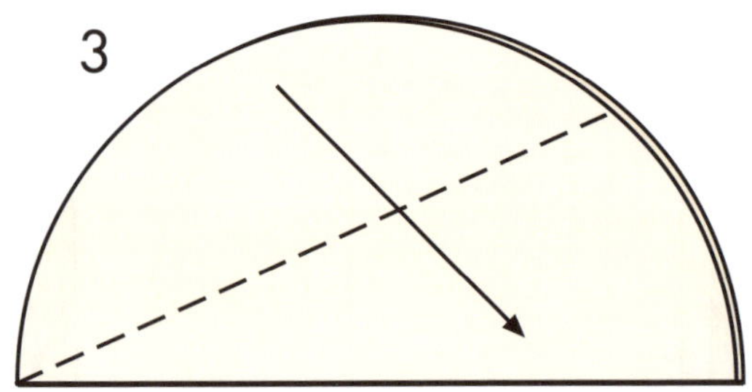

4

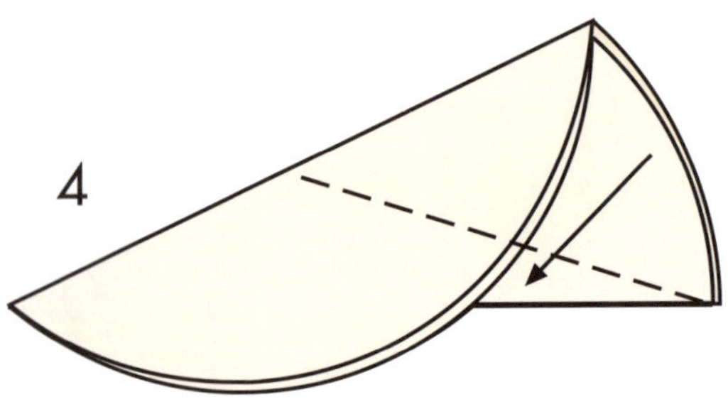

5

Assinale as lagartas que são iguais a esta: 

Observe a cena por uns minutos. Dobre a folha para escondê-la. Em seguida, escreva tudo o que lembrar.

4a

Observe a história. Depois, comente-a com seus colegas.

ELE NÃO CONSEGUE

Marque as diferenças entre estes desenhos simétricos.

Desenhe o que se pede.

Uma trancinha no lado direito da cabeça.

Um buquê de flores na mão direita.

Duas listras no braço direito.

Uma tampa na mão esquerda.

Uma bola de futebol na frente do pé direito.

Desenhe você...

quando está brincando e alguém
o machuca sem querer.

reagindo a essa situação.

Ligue cada pedaço ao vaso correspondente.

8b

Desenhe um instrumento musical em cada quadro, segundo a posição que ocupa em relação à menina.

EM FRENTE

ATRÁS

À DIREITA

À ESQUERDA

Descubra o nome de cada animal. Leia as pistas.

2a

Escreva o que se pede.

Escreva uma coisa que nunca muda. ______________________________

Se você der um bocejo barulhento na classe, o que falam para você? ______________________________

Escreva uma palavra que não comece com a letra **M**. ______________________________

Como você deixa suas roupas quando vai dormir? ______________________________

Qual é o primeiro pensamento agradável que você tem quando se levanta? ______________________________

Escreva uma coisa que você pode fazer com o polegar. ______________________________

Escreva uma palavra que rime com **maravilhoso**. ______________________________

Alguém dorme no ônibus, ao seu lado. O que você faz? ______________________________

A última vez em que você ficou muito feliz, qual foi o motivo? ______________________________

Marque a ação que acontece imediatamente depois da situação da esquerda.

Desenhe uma omelete na frigideira que o cozinheiro está segurando com a mão esquerda.

Assinale os vegetais que não estão em seus lugares habituais.

2c

Crie um desenho diferente a partir de cada figura.

3c

Ligue os elementos que os personagens trocaram entre eles.

Recorte as figuras correspondentes da página 111. Descubra quais delas completam os quadros abaixo e cole-as nos lugares adequados.

Observe e responda:

Em que se parecem?

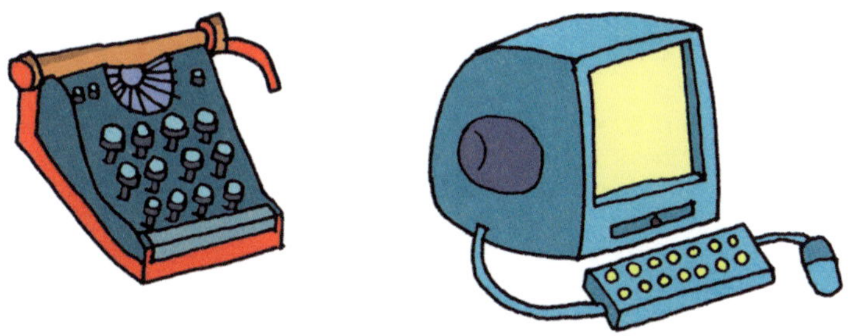

Em que são diferentes?

Em que se parecem?

Em que são diferentes?

Copie a figura de cada coluna nos quadros abaixo.

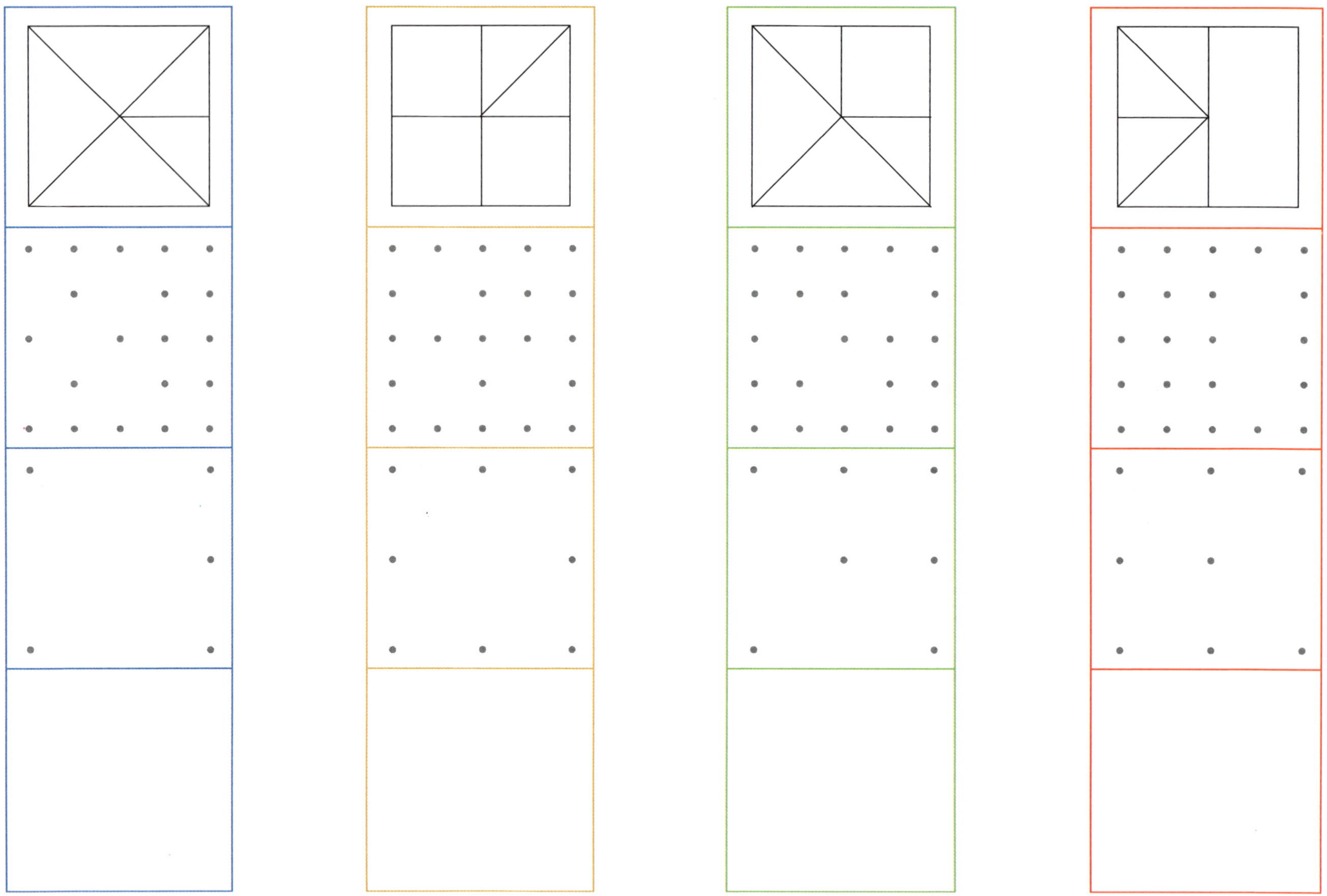

Escreva em cada quadro branco a letra da cena que completa a série.

A B C

A B C

1b

Use uma folha de papel e construa um cavalo como mostram os desenhos. Consulte as legendas na página 109.

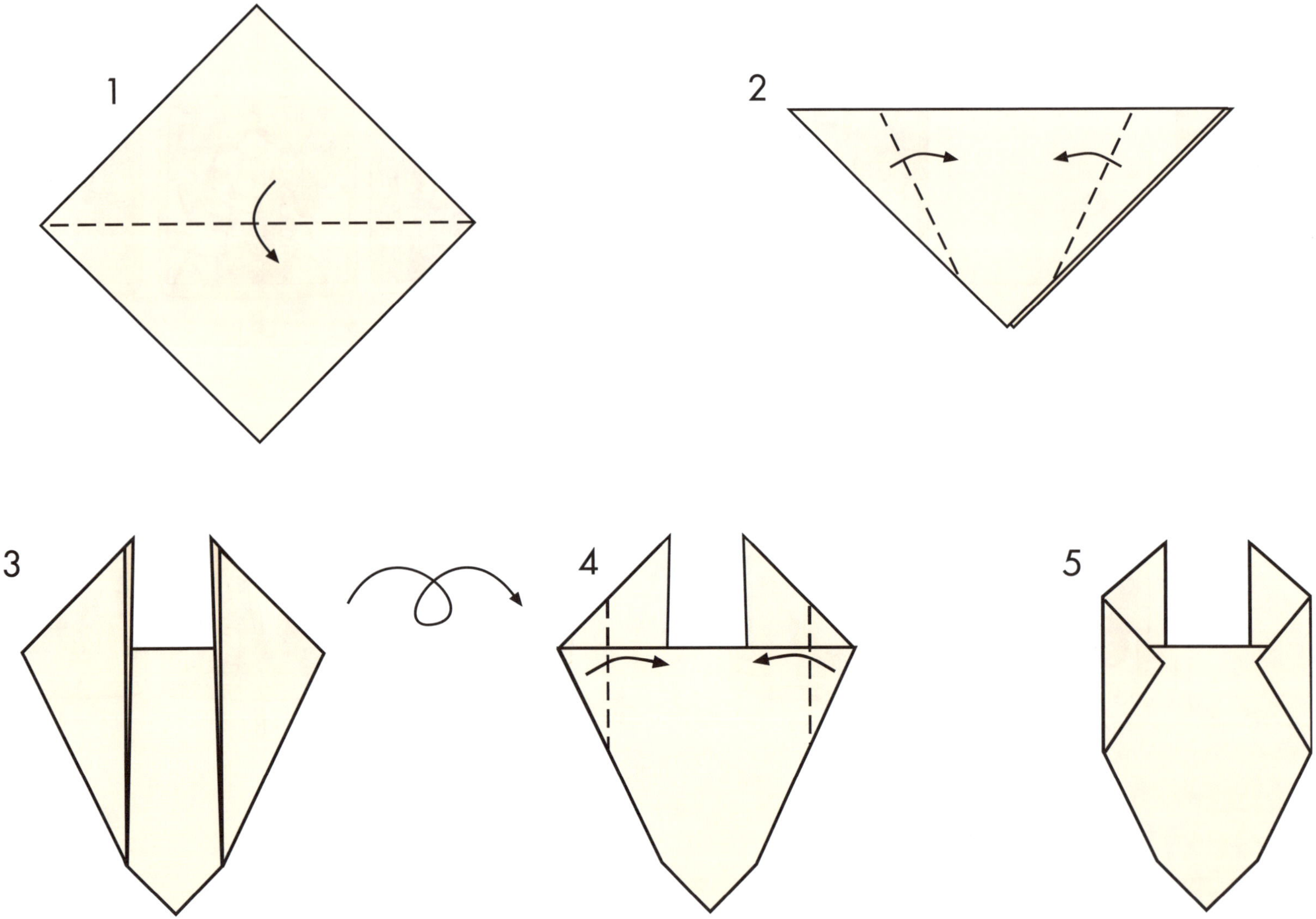

Observe a história. Depois, comente-a com seus colegas.

ELA ESTÁ MORRENDO

Marque, em cada caso, o que é necessário para se obter leite e queijo.

Observe a cena por uns minutos. Dobre a folha para escondê-la. Em seguida, escreva tudo o que lembrar.

1c

Marque se as afirmações abaixo são fatos ou opiniões.

SANDRA JOÃO GLÓRIA PAULO LENA

	FATO	OPINIÃO
Paulo joga hóquei sobre patins.	☐	☐
Lena tem futuro nos esportes.	☐	☐
Glória pratica esgrima.	☐	☐
Sandra é uma garota fantástica.	☐	☐
João joga futebol.	☐	☐
Glória gosta de esgrima.	☐	☐
Paulo fica mais bonito de bigode.	☐	☐
Lena pula obstáculos.	☐	☐
Sandra joga tênis.	☐	☐
João é considerado um bom jogador.	☐	☐

Encontre as conchas misturadas com as pedras.

Ligue cada pedaço ao quadro correspondente.

Ligue os desenhos que representam a mesma mesa, observada de diferentes pontos de vista.

Descubra o nome de cada pessoa. Leia as pistas.

Escreva o que se pede.

Por que as pessoas nos dão parabéns no dia do nosso aniversário? ______________________

Se você encontrasse um E.T., o que lhe diria? ______________________

Que livro você indicaria a seu gato, se ele fosse capaz de ler? ______________________

Se você andar por aí distraído, o que pode lhe acontecer? ______________________

Dê exemplo de um objeto que costuma ter quatro coisas iguais. ______________________

Como você dormiu hoje? ______________________

Escreva uma coisa que você fez e que acha importante. ______________________

Escreva uma coisa que deixe todo mundo contente. ______________________

Escreva uma frase com a palavra **desnecessário**. ______________________

12b

Assinale os objetos que normalmente não fazem parte de veículos.

Marque as diferenças entre estes desenhos simétricos.

Escreva que posições ocupam o E.T. e os dois vulcões, em relação à figura central do quadro.

Escreva **1** no papel que está embaixo de cada composição, **2** no que está imediatamente acima, **3** no que está em cima deste, e assim por diante, até chegar ao que está em cima de todos.

10b

Assinale as lagartas que são iguais a esta: 

Observe a história. Depois, comente-a com seus colegas.

ELE JÁ ESTÁ INDO

Desenhe o que se pede.

Uma borboleta em cima do sorvete que está na mão esquerda.

Uma faixa no braço esquerdo do jogador que está em cima.

Um peixe na mão esquerda.

Uma antena saindo da orelha direita de cada astronauta.

Um passarinho na parte de trás do esqui do pé esquerdo.

Observe e responda:

Em que se parecem?

Em que são diferentes?

Em que se parecem?

Em que são diferentes?

Desenhe você...

quando recebe uma boa notícia.

reagindo a essa boa notícia.

Desenhe um objeto em cada quadro, segundo a posição que ocupam em relação ao menino.

EM FRENTE

ATRÁS

À DIREITA

À ESQUERDA

Copie a figura de cada coluna nos quadros abaixo.

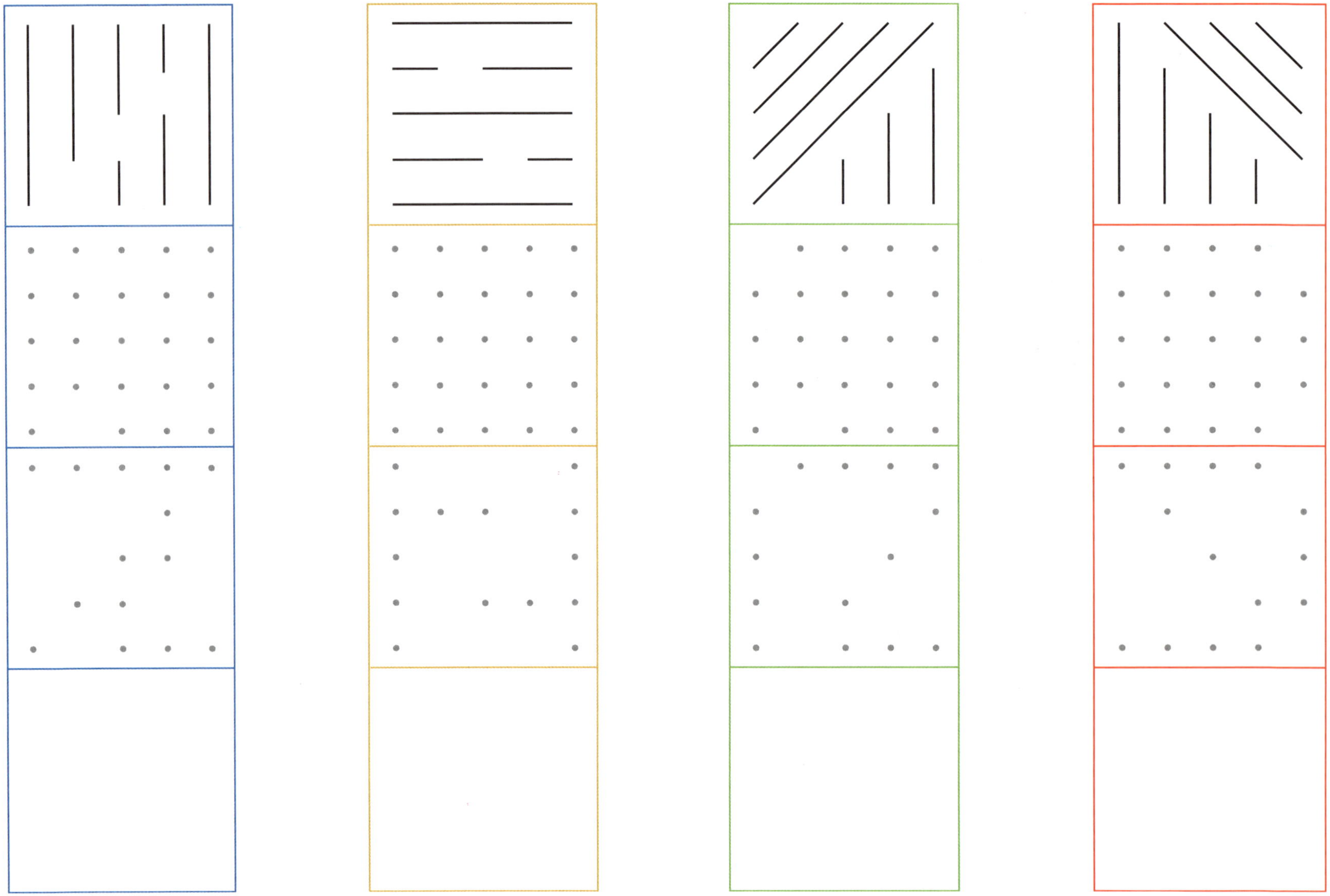

Ligue os elementos que os personagens trocaram entre eles.

3c

Escreva em cada quadro branco a letra da cena que completa a série.

A B C

A B C

9c

Marque a ação que acontece imediatamente depois da situação da esquerda.

2d

Crie um desenho diferente a partir de cada figura.

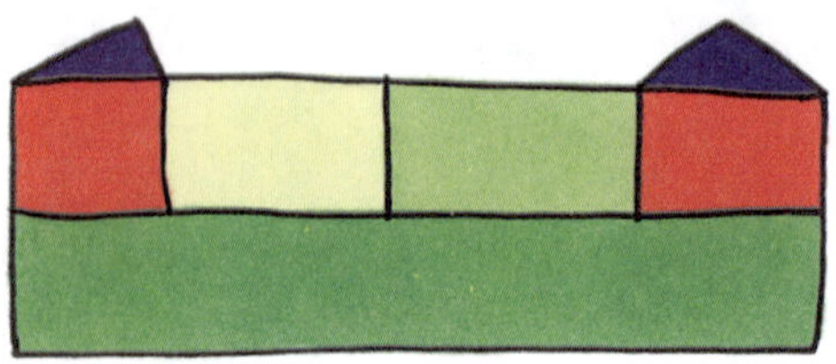

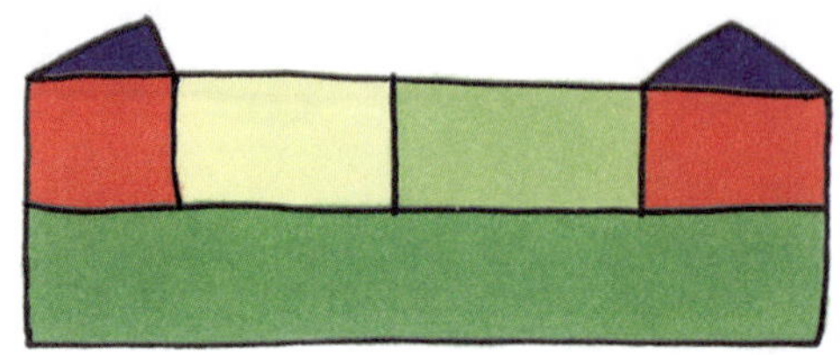

Desenhe água saindo do regador que o jardineiro está segurando com a mão esquerda.

Marque, em cada caso, o que é necessário para se obter suco de laranja e água potável.

Use uma folha de papel e construa um gato como mostram os desenhos. Consulte as legendas na página 109.

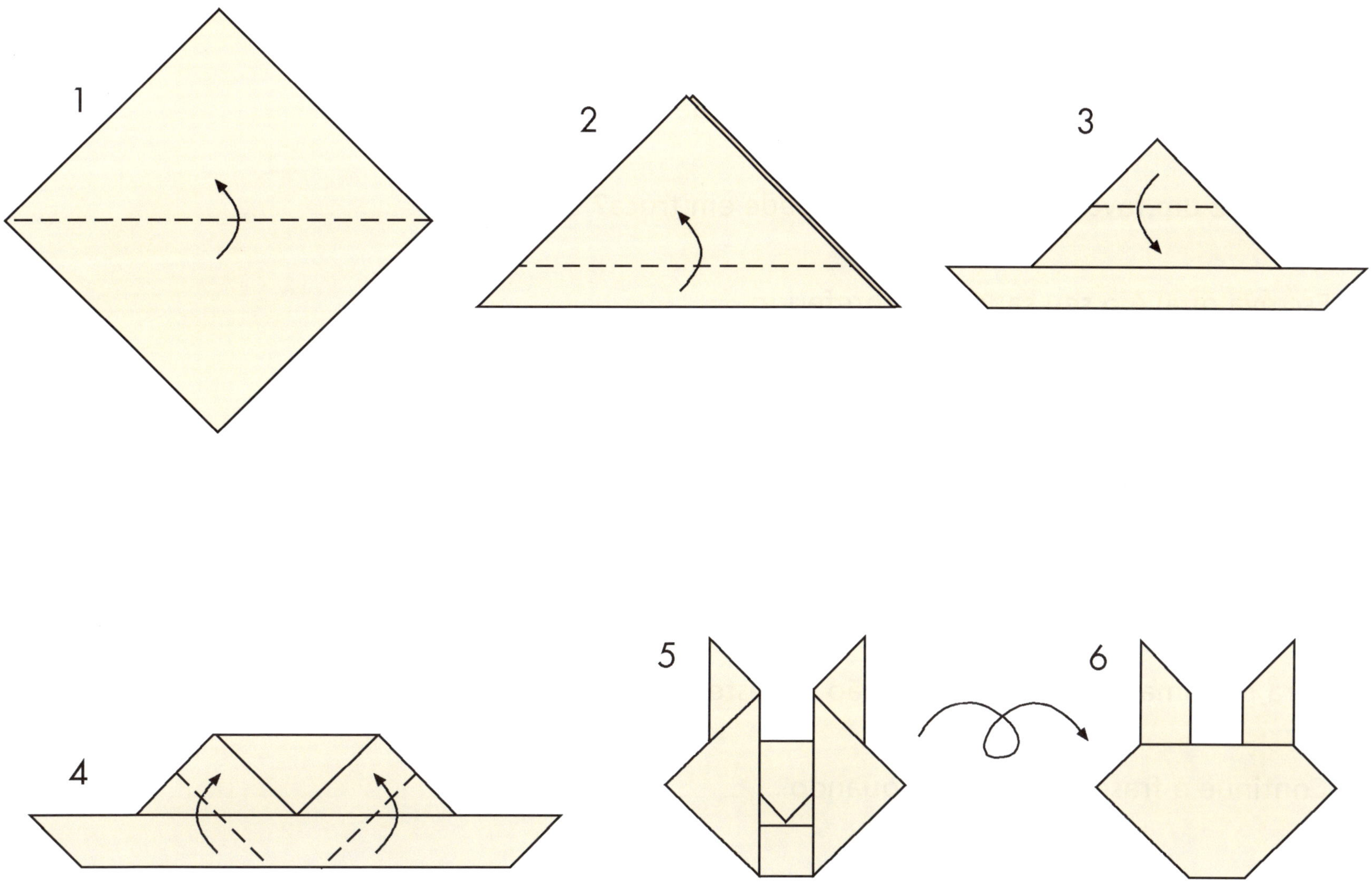

2c

Escreva o que se pede.

Você vai ver um filme muito bom e fica com sono. O que você faz? ______________________

Escreva uma coisa que você nunca se cansa de fazer. ______________________

Você faz um favor a alguém. O que pede em troca? ______________________

Escreva qual é o seu sanduíche preferido. ______________________

Como você fica quando dorme pouco? ______________________

Escreva o nome de alguém que você está vendo agora. ______________________

Quando se olha no espelho, o que você vê? ______________________

Para ir a uma festa, como você não se veste? ______________________

Continue a frase: Costumo rir quando... ______________________

Descubra o nome de cada fruta. Leia as pistas.

Marque as diferenças entre estes desenhos simétricos.

1d

Marque se as afirmações abaixo são fatos ou opiniões.

ANA MATEUS CRISTINA JOANA ANTÔNIO

	FATO	OPINIÃO
Joana toca violão.	☐	☐
Mateus toca o instrumento muito bem.	☐	☐
Às vezes Mateus toca corneta com os olhos fechados.	☐	☐
Antônio toca jazz bem melhor do que música folclórica.	☐	☐
Ana toca contrabaixo.	☐	☐
Cristina parece uma professora de música.	☐	☐
Ana sempre desafina.	☐	☐
Antônio toca piano.	☐	☐
Quando toca violão, Joana fica muito animada.	☐	☐
Cristina toca flauta.	☐	☐

10c

Assinale as lagartas que são iguais a esta: 

Assinale as partes de animais que aparecem nos veículos.

Ligue os desenhos que representam o mesmo veículo, observado de diferentes pontos de vista.

Escreva que posições ocupam as três garotas, em relação à figura central do quadro.

____

____

____

Encontre os cactos misturados com as flores.

Observe a cena por uns minutos. Dobre a folha para escondê-la. Em seguida, escreva tudo o que lembrar.

Observe a história. Depois, comente-a com seus colegas.

ELE SE DISTRAI

Desenhe o que se pede.

Um carrinho na mão esquerda.

Um beija-flor em cima da flor que está mais para a direita da mulher.

Um rato ao lado do pé esquerdo.

Um violão na mão direita.

Um guarda-chuva aberto que ele segura com a mão direita.

Ligue cada pedaço ao objeto correspondente.

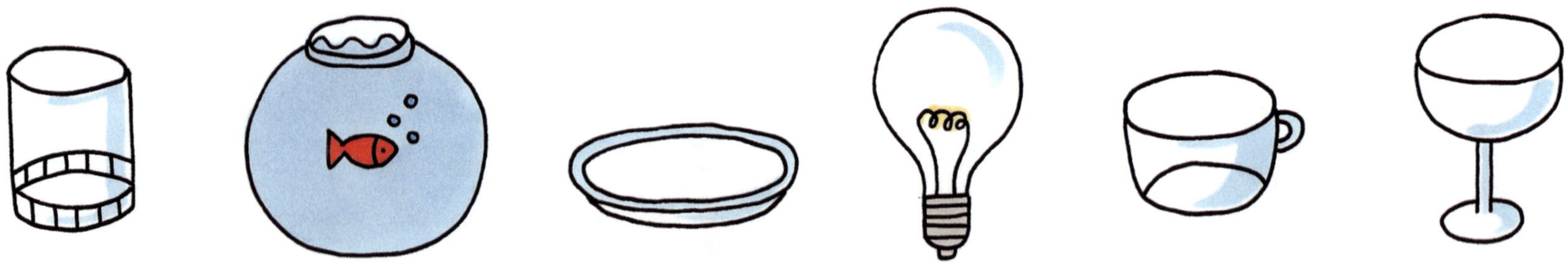

Copie a figura de cada coluna nos quadros abaixo.

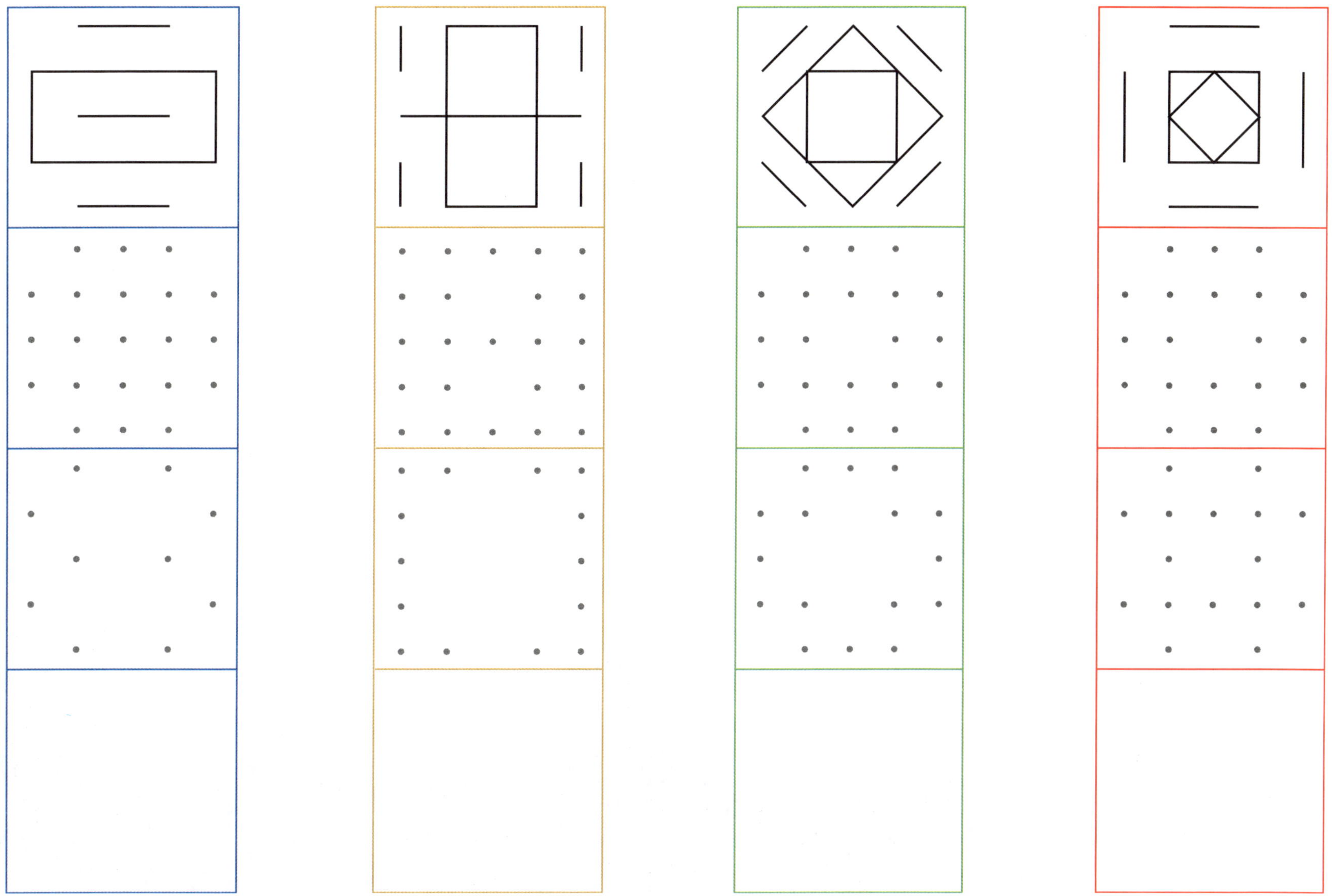

Escreva 1 no papel que está embaixo de cada composição, 2 no que está imediatamente acima, 3 no que está em cima deste, e assim por diante, até chegar ao que está em cima de todos.

Recorte as figuras correspondentes da página 111. Descubra quais delas completam os quadros abaixo e cole-as nos lugares adequados.

Desenhe um objeto em cada quadro, segundo a posição que ocupa em relação ao menino.

EM FRENTE

ATRÁS

À DIREITA

À ESQUERDA

Marque a ação que acontece imediatamente depois da situação da esquerda.

Assinale as ferramentas que normalmente não aparecem numa cena de trânsito.

Escreva o que se pede.

Oi, como vai? ___

Uma criança no carro ao lado olha para você. O que você faz? ___

Você atende o telefone. Como sabe quem está ligando? ___

Escreva algo bonito para uma pessoa de quem você goste. ___

Escreva uma maneira de agradecer. ___

O que você faz quando ouve uma piada muito engraçada? ___

Qual foi a última coisa que você guardou em seu armário? ___

Termine a frase: Eu adoraria... ___

O que tem de especial a frase: "Juro que nunca juro"? ___

Escreva em cada quadro branco a letra da cena que completa a série.

A B C

A B C

Marque as diferenças entre estes desenhos simétricos.

Assinale as lagartas que são iguais a esta: 

Ligue os desenhos que representam o mesmo eletrodoméstico, observado de diferentes pontos de vista.

Desenhe você...

quando faz algo errado.

explicando a seus pais o que aconteceu.

Use uma folha de papel e construa um cisne como mostram os desenhos. Consulte as legendas na página 109.

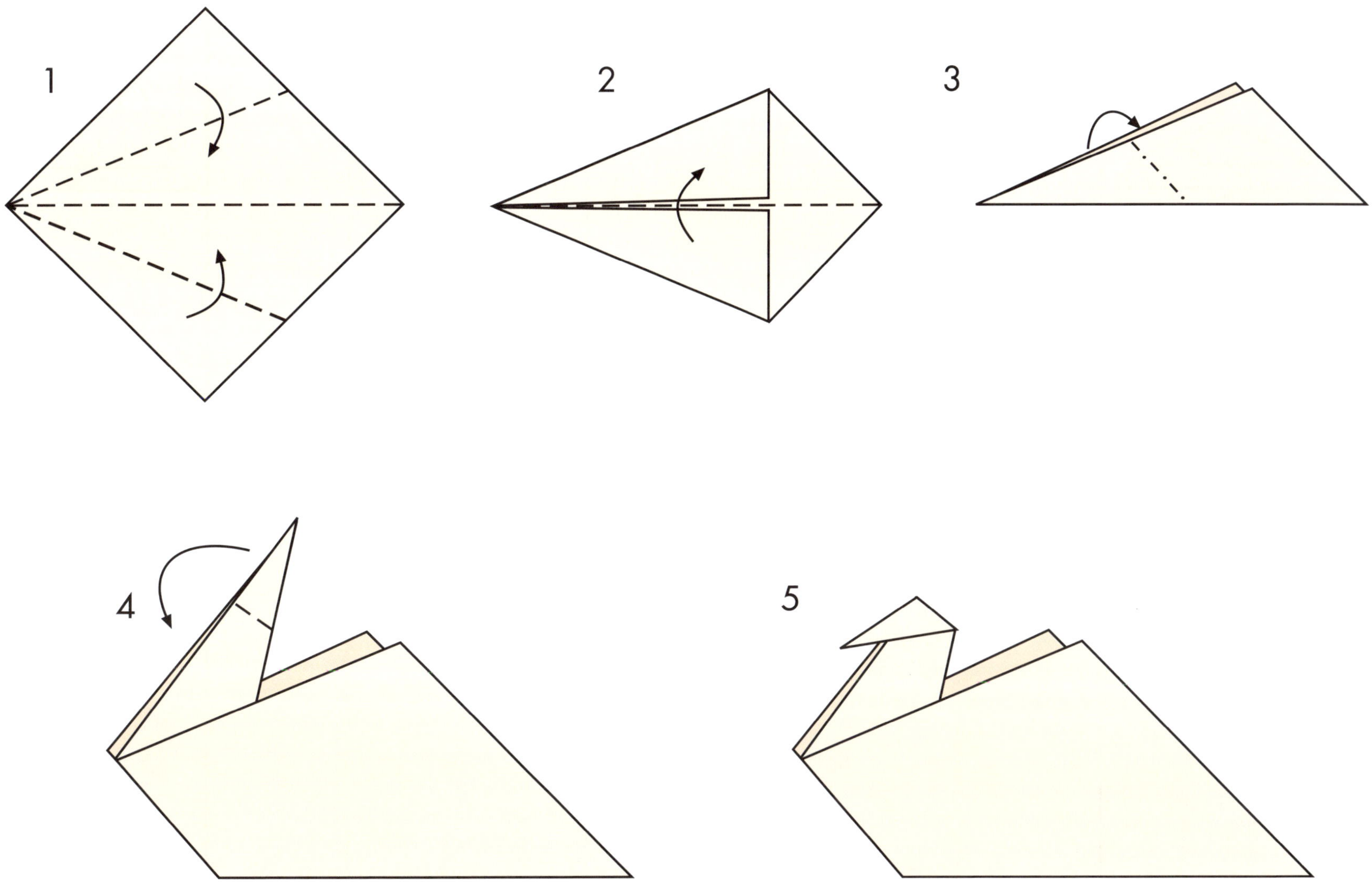

Copie a figura de cada coluna nos quadros abaixo.

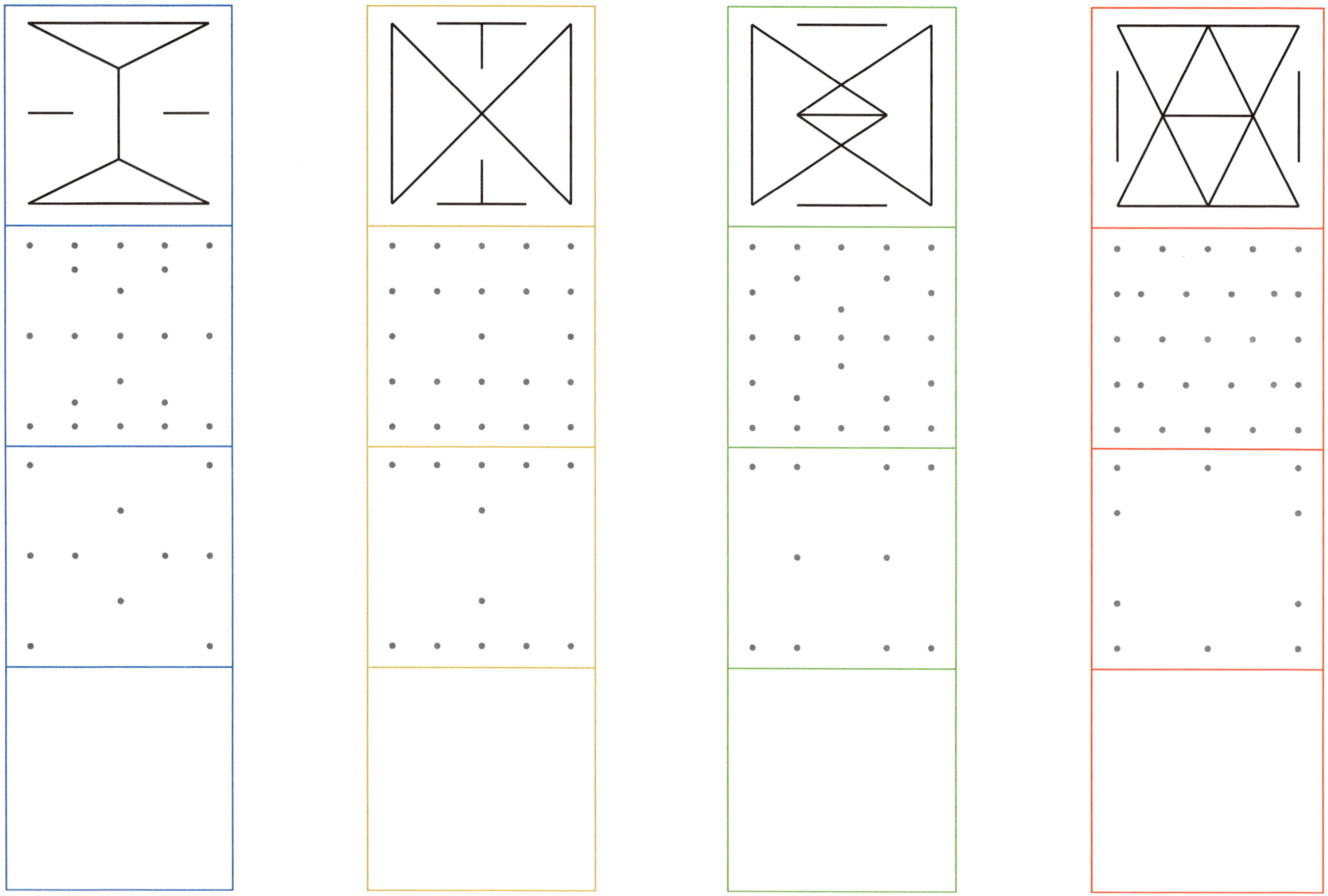

Desenhe o que se pede.

Um laço na pata dianteira da direita.

Um pandeiro na mão esquerda.

Um gato dormindo no chão, do lado esquerdo da menina.

Um cachorro numa correia que o garoto puxa com a mão esquerda.

Uma bandeja com uma garrafa e dois copos na mão direita.

Escreva que posições ocupam os peixes, a cadeira e o vendedor de cerâmica, em relação à figura central do quadro.

Ligue cada pedaço à estátua correspondente.

Desenhe um lápis no caderno que a moça está segurando com a mão direita.

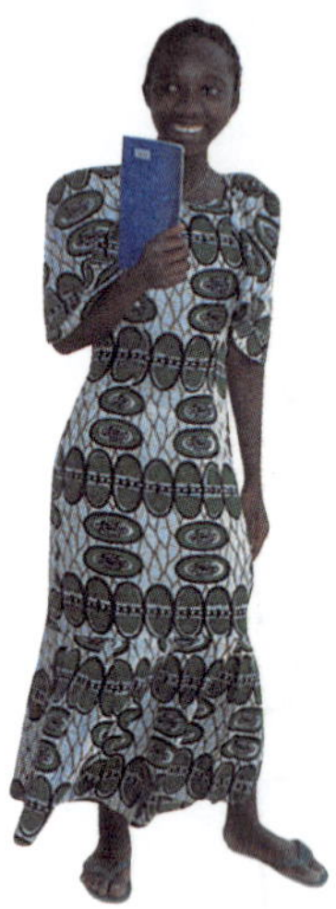

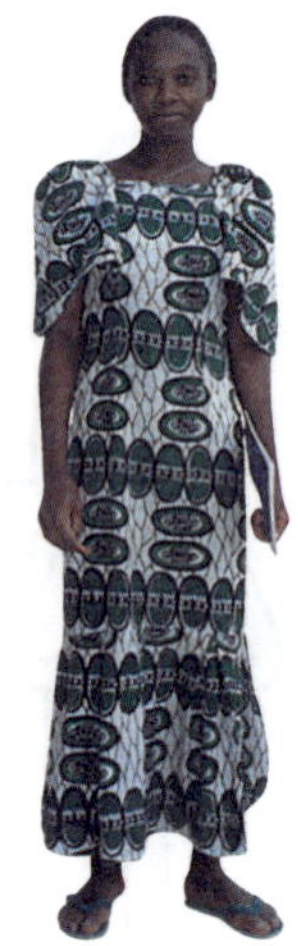
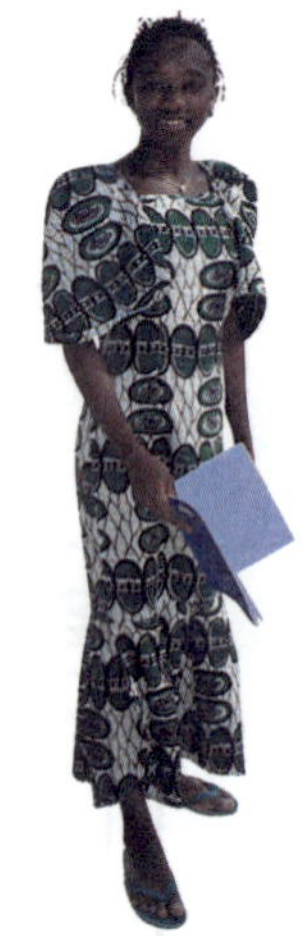

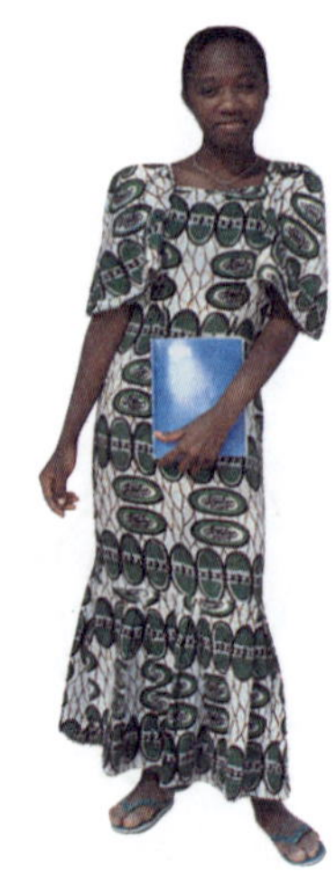

Encontre as espigas de trigo misturadas com a palha.

Descubra o nome de cada personagem. Leia as pistas.

	dobrar	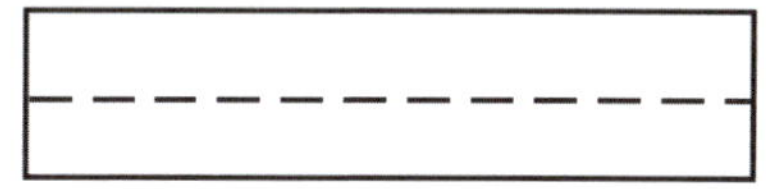	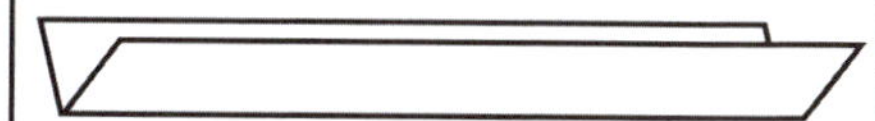
	dobrar para dentro	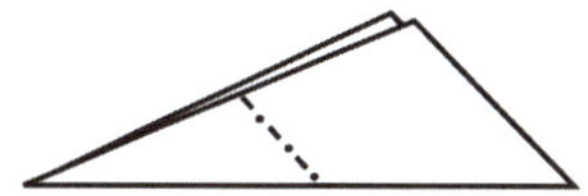	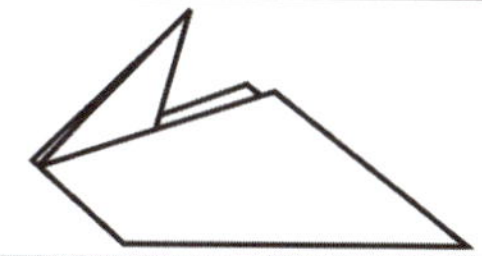
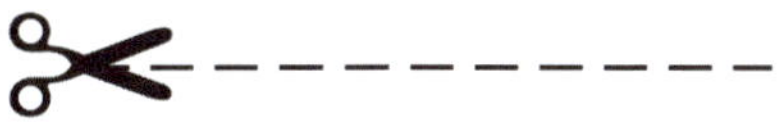	cortar	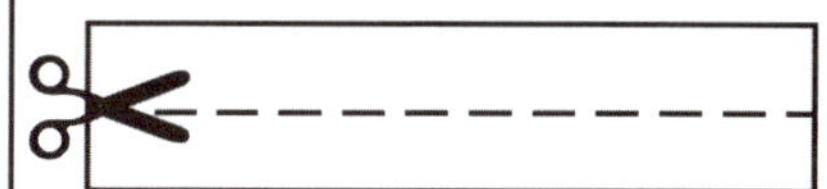	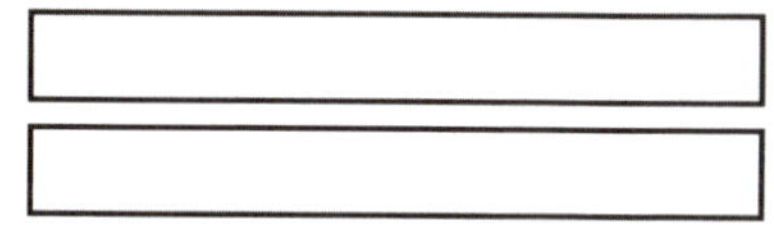
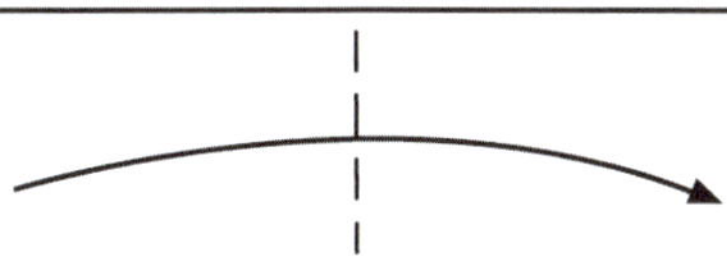	dobrar na direção da seta	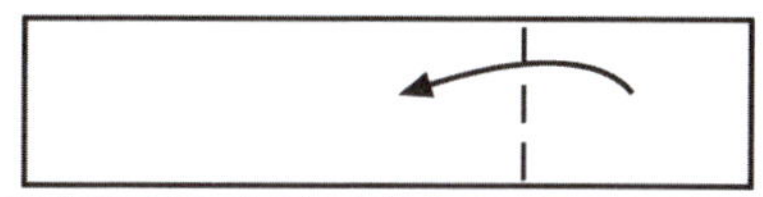	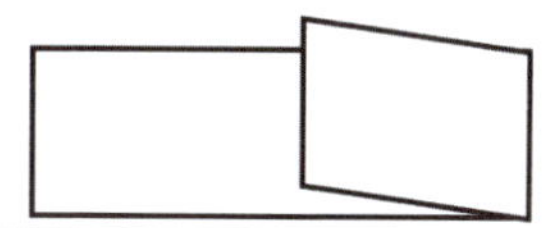
	virar o modelo	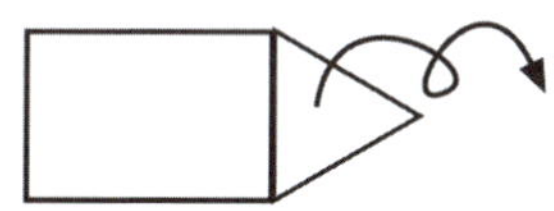	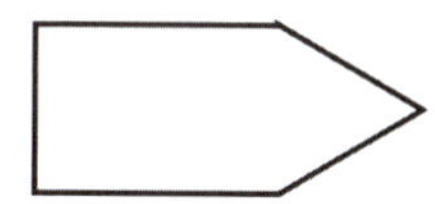

Página 91

Página 44

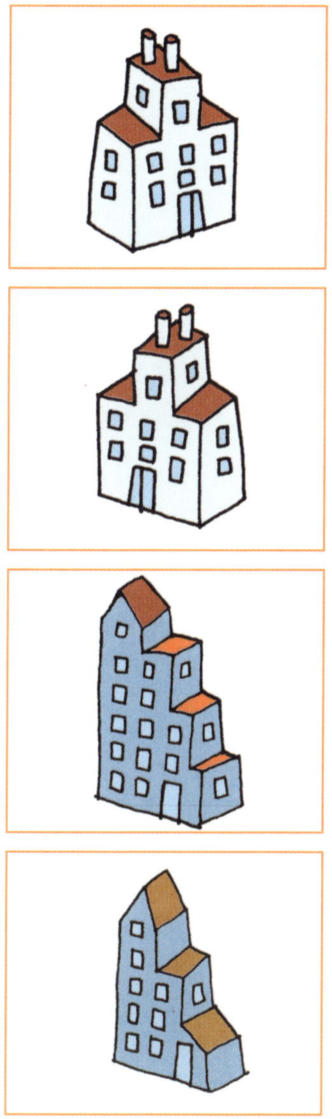

Página 21

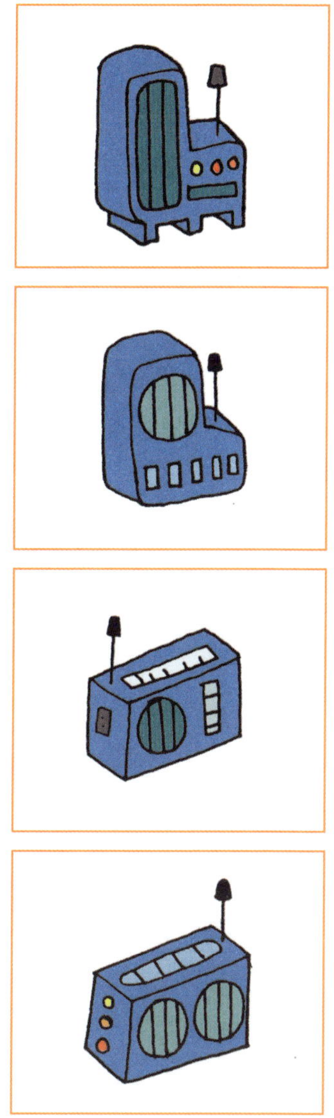

Página 10